어린이를 위한

말씀 손글씨 365 1

한수진 글 · 꿈을이루는사람들 편집부 엮음

꿈을 이루는 사람들

차 례

어린이를 위한 말씀 손글씨 365 ①

사용 설명서

≪어린이를 위한 말씀 손글씨 365≫는 매일 15분씩 말씀 생활과 손글씨 연습을 동시에 할 수 있는 성경 교육 교재 시리즈입니다. 말씀을 눈으로 보고 입으로 읽고 손으로 적고 머리로 외우고 몸으로 활동하다 보면, 자연스럽게 성경 메시지가 정리되어 가치관과 세계관으로 자리 잡을 것입니다(그 와중에 얻게 된 '잘 읽히는' 글씨는 덤입니다). 또한 자녀와 다음 세대를 사랑하며 그들을 위해 기도하는 한국 교회 목회자와 사역자들이 말씀 설명과 활동 지도 등으로 함께하여 성경에 담긴 하나님의 뜻과 마음을 어린이들에게 전하는 데 힘을 보태고 있습니다.

이 시리즈를 통해 아이들 마음판에 새겨진 말씀은 그들이 하나님께 나아가도록 이끌어주며 평생의 말과 행동에 반영될 것입니다.

잘 읽히는 손글씨의 조건

첫 글자를 기준으로 끝까지 같은 크기로, 위아래를 맞춰 같은 위치에, 일정한 간격으로, 모서리는 각이 생기도록 꺾어 쓰세요. 그러면 반듯하고 가지런해서 잘 읽히는 글씨를 쓸 수 있어요.

구성과 사용법

이 책은 매일 해당 성경 본문과 내용 설명을 읽고 그 말씀으로 손글씨를 연습하도록 구성되었습니다.

▶ 1권과 2권은 각각 기독교 신앙의 세 가지 기본 주제에 맞춰 장당 열 개씩, 총 삼십 개 꼭지를 실었습니다.

▶ 개역한글판 성경 본문을 실었고, 어린이들이 따라 쓰기 편하도록 고딕 서체를 사용했습니다.

▶ 쓰기 연습할 때는 먼저 눈으로 말씀을 보고 입으로 소리 내어 읽은 뒤, 오늘 말씀이 어떤 내용인지 '말씀 생각하기'를 살펴보세요. 그런 다음 말씀을 손으로 한 글자 한 글자 또박또박 적으세요.

▶ 다 적은 말씀은 꼭 암송하시기를 권합니다.

말씀 손글씨 준비 운동 ❶ 선 긋기 연습

여러분은 읽기 편한 글씨, 예쁜 글씨, 바른 글씨의 기본이 무엇인지 아시나요? 정답은 '선'이에요. 한글과 한자, 영어, 그리고 숫자까지. 세상의 문자와 글자는 모두 선으로 이루어져 있답니다. 그래서 말씀 손글씨 준비 운동의 시작은 선 긋기 연습입니다.

선 긋기 연습

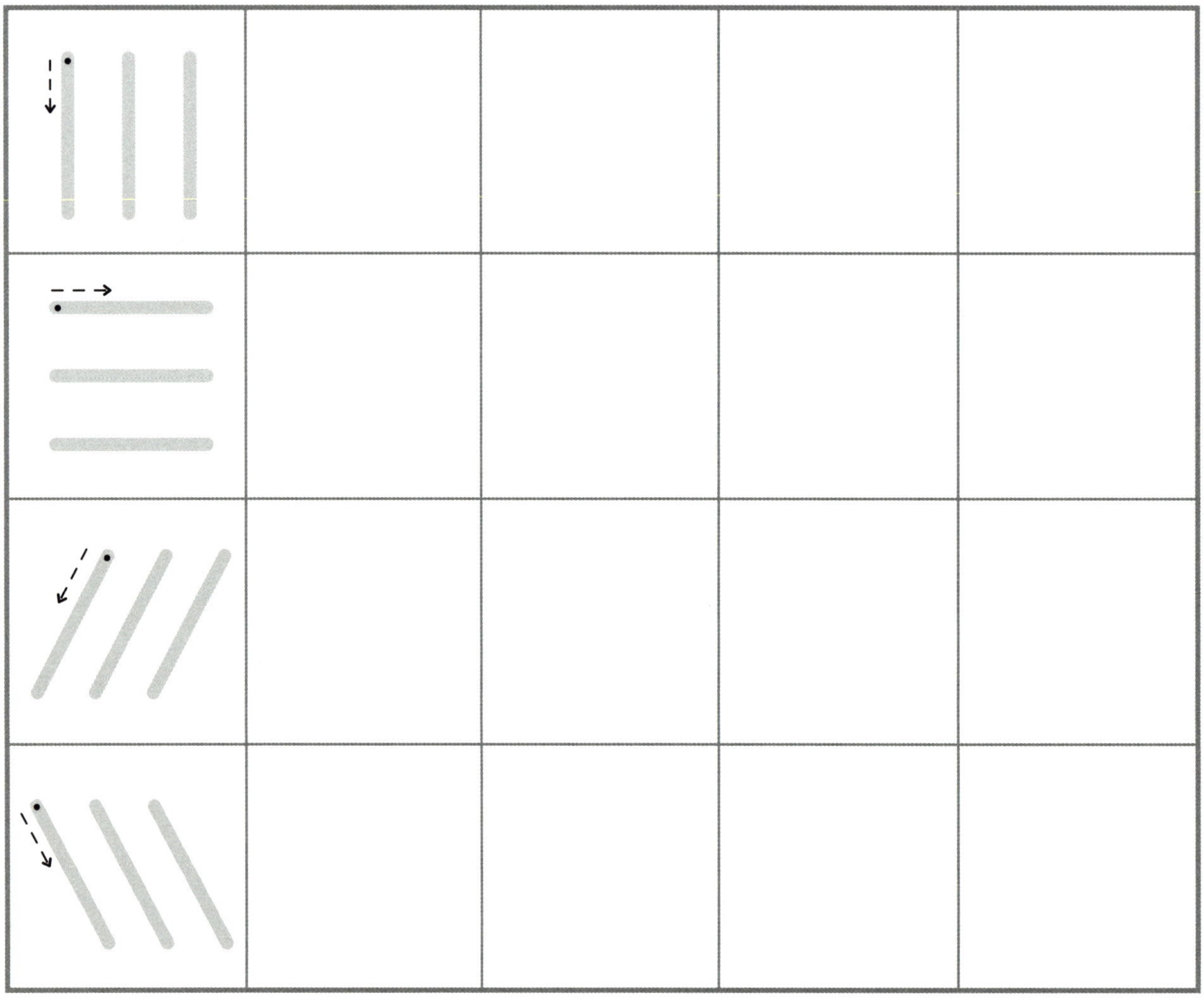

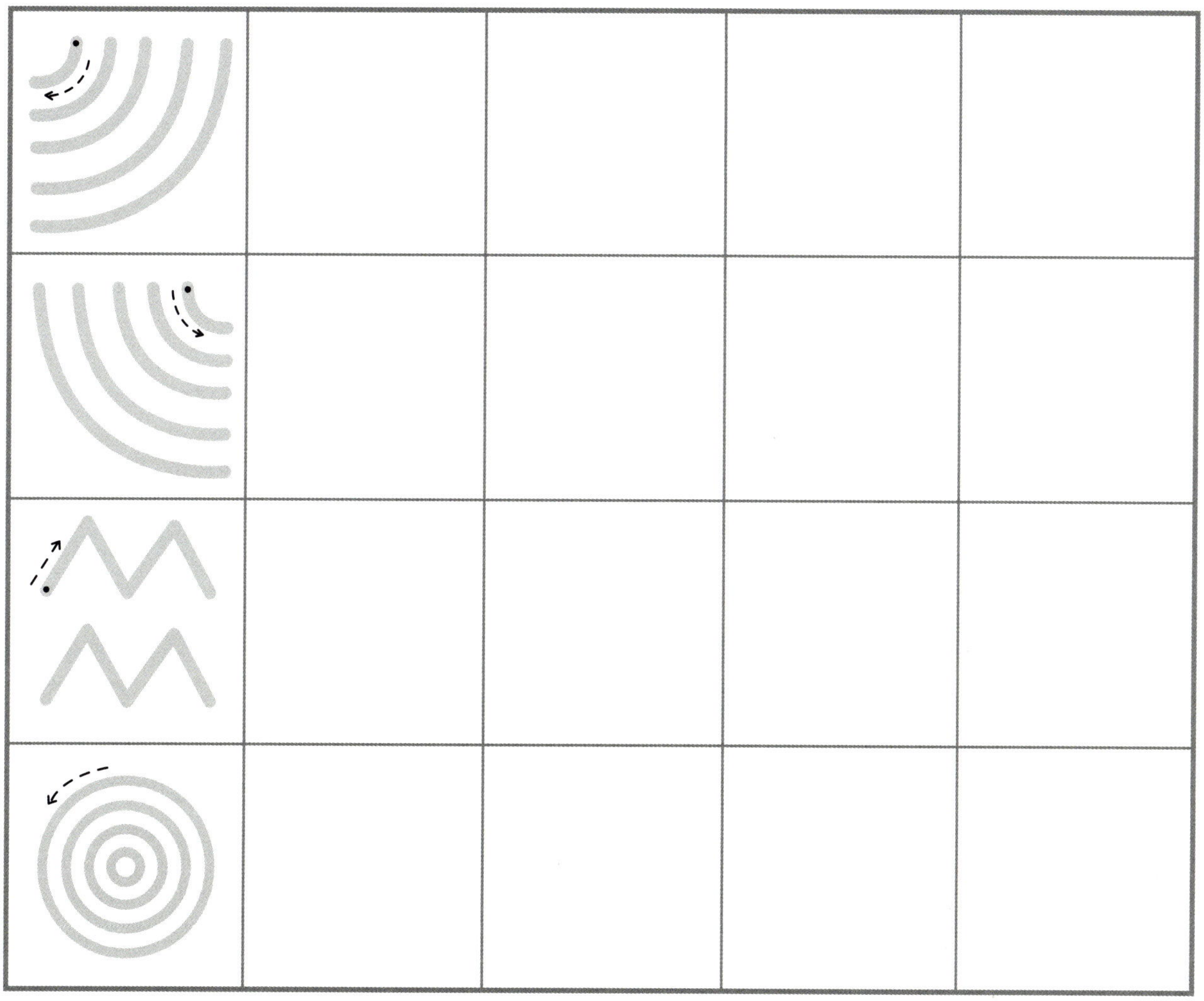

말씀 손글씨 준비 운동 2 자음 모음 쓰기

읽기 편한 손글씨를 위한 두 번째 준비 운동은 자음과 모음을 정해진 순서대로 적어보는 거예요. 이때 반듯하고 가지런해서 잘 읽히는 글씨를 쓸 수 있는 원칙을 기억하면 좋겠어요. 첫 번째 글자를 기준으로 끝까지 같은 크기로, 윗선과 아랫선을 맞춰 같은 위치에, 끝까지 일정한 간격으로 일정하게 쓰는 것 말이에요.

자음

ㄱ								
ㄴ								
ㄷ								
ㄹ								
ㅁ								
ㅂ								
ㅅ								
ㅇ								
ㅈ								
ㅊ								

ㅋ								
ㅌ								
ㅍ								
ㅎ								

모음

ㅏ								
ㅐ								
ㅑ								
ㅒ								
ㅓ								
ㅔ								
ㅕ								
ㅖ								

ㅗ

ㅘ

ㅙ

ㅛ

ㅜ

ㅝ

ㅞ

ㅟ

ㅠ

ㅡ

ㅢ

ㅣ

1장

하나님의 천지 창조

오늘의 말씀 손글씨 1

창세기

1장 1절 태초에 하나님이 천지를 창조하시니라

1장 3절 하나님이 가라사대 빛이 있으라 하시매
빛이 있었고

한수진 사모님의 말씀 생각하기

우리 친구들, 하나님을 알고 싶고, 믿고 싶고, 기쁘시게 해드리고 싶나요? 그렇다면 하나님이 우주와 세상 모든 것을 만드신 분임을 믿으세요. 하나님을 창조주로 인정하는 것이 그분을 믿는 첫걸음이거든요. 이걸 믿지 못하면 성경에 나오는 다른 수많은 기적도 믿을 수 없답니다.

하나님은 아무것도 없는 데서 말씀만으로 모든 것을 만드신 놀랍고 멋진 분이세요. 그래서 그 말씀을 믿을 때 우리는 하나님을 알 수 있고 기쁘시게 할 수 있답니다.

따라 써 보세요

태초에 하나님이 천지를 창조하시니라

하나님이 가라사대 빛이 있으라 하시매 빛이 있었고

오늘의 말씀 손글씨 2

창세기 2장 7절

여호와 하나님이 흙으로 사람을 지으시고 생기를 그 코에 불어 넣으시니 사람이 생령이 된지라

한수진 사모님의 말씀 생각하기

하나님은 5일 동안 빛, 하늘, 바다, 풀과 나무, 채소, 해, 달, 별, 새, 바다 생물을 만드셨어요. 6일째 되는 날엔 땅의 동물과 사람을 지으셨고요.
여러분은 하나님이 사람(남자)을 어떻게 만드셨는지 알고 있나요? 흙으로 빚으시고 그 코에 호흡을 불어 넣으셨대요.
아주 특별하게 창조하셨다는 게 느껴지지요?
하나님의 호흡은 곧 하나님의 영이에요. 그래서 사람에게는 하나님의 영이 있어요. 하나님이 창조하신 다른 동식물과 사람의 가장 큰 차이점이 바로 이것이지요. 우리는 하나님 형상대로 창조된, 그분의 영을 가진 사람들이에요.
그 영 덕분에 우리는 하나님과 절친이 될 수 있답니다.

따라 써 보세요

여호와 하나님이 흙으로 사람을 지으시고 생기를 그 코에 불어넣으시니 사람이 생령이 된지라

오늘의 말씀 손글씨 3

창세기 2장 18절

여호와 하나님이 가라사대 사람의 독처
하는 것이 좋지 못하니 내가 그를 위하여
돕는 배필을 지으리라 하시니라

한수진 사모님의 말씀 생각하기

하나님은 모든 동물을 한 쌍씩 창조하셨어요. 암컷과 수컷, 짝을 지어 만드셨죠. 하지만 첫 번째 남자 아담은 혼자였어요. 하나님은 외로워하는 아담을 그냥 두지 않고 좋은 짝을 만들어 주셨지요. 그게 바로 첫 번째 여자 하와랍니다.

여자는 남자를 도울 수 있도록 다르게 만들어졌어요.

여자와 남자를 다르게 지으신 창조주 하나님은, 두 사람이 서로 도우며 함께 온전함을 이루게 하셨어요. 몸과 마음이 하나 되어 사랑 안에서 세워지는 가정을 계획하신 거예요.

따라 써 보세요

여호와 하나님이 가라사대 사람의 독처하는 것이 좋지 못하니 내가 그를 위하여 돕는 배필을 지으리라 하시니라

오늘의 말씀 손글씨 4

창세기 2장 22절

여호와 하나님이 아담에게서 취하신 그 갈빗대로 여자를 만드시고 그를 아담에게로 이끌어 오시니

한수진 사모님의 말씀 생각하기

어느 날, 하나님은 아담을 깊이 잠재우셨어요. 그리고 아담의 몸에서 갈비뼈를 꺼내셨지요. 세계 최초의 마취와 수술이었어요. 왜 그러셨을까요? 하나님은 그 뼈로 하와를 만드셨답니다.
어? 그런데 이상한 게 또 있어요. 남자는 흙, 여자는 남자의 갈비뼈. 왜 재료가 다를까요? 하나님은 왜 여자를 더 좋은(?) 재료로 만드신 거죠?
그래야 남자를 도울 수 있으니까요. 하지만 그렇다고 여자 친구들 우쭐해하지는 마세요.^^ 여자를 만든 갈비뼈가 남자에게서 나왔으니까요. 여자는 남자로부터 만들어졌어요.
하나님이 하와를 아담에게 데리고 가셨고 그 둘은 결혼했어요. 그래서 남자와 여자는 하나님의 인도하심으로 결혼해야 하는 거예요. 이렇게 남자와 여자는 함께 가정을 이루어 하나님의 일을 하기 위해 창조되었어요.

여호와 하나님이 아담에게서 취하신 그 갈빗대로 여자를 만드시고 그를 아담에게로 이끌어 오시니

오늘의 말씀 손글씨 5

창세기 2장 24절

이러므로 남자가 부모를 떠나 그 아내와 연합하여 둘이 한 몸을 이룰찌로다

한수진 사모님의 말씀 생각하기

모든 전자제품에는 사용법을 자세히 기록한 설명서가 있어요. 그 설명서는 누가 썼을까요? 제품을 만든 사람이에요. 그 제품을 세상에서 가장 잘 아는 사람이니까요. 그렇다면 가정과 결혼, 남자와 여자의 역할은 누가 설명할 수 있을까요? 누구에게 물어야 가장 정확한 설명을 들을 수 있을까요? 당연히 우리 하나님이지요. 그분이 남자와 여자를 만들고 둘이 하나 되어 가정을 이루게 하셨으니까요.

하나님은 아담의 갈비뼈로 하와를 만드셨어요. 그리고 남자와 여자가 한 몸 되어 최초의 가정을 이루게 하셨지요.

하나님 작품의 창조 질서를 따라, 한 남자와 한 여자가 만나 사랑하고 결혼을 통해 하나 되는 것이 바로 가정이에요.

이러므로 남자가 부모를 떠나 그 아내와 연합하여 둘이 한 몸을 이룰찌로다

오늘의 말씀 손글씨 6

창세기 1장 27절

하나님이 자기 형상 곧 하나님의 형상대로 사람을 창조하시되 남자와 여자를 창조하시고

한수진 사모님의 말씀 생각하기

사람을 만드실 때, 하나님은 그 코에 생기를 불어넣으셨어요. 덕분에 사람은 하나님의 '절친'으로 영원히 살 수 있게 되었지요. 그리고 하나님은 사람을 그분의 형상대로 만드셨어요. 우리 친구들이 부모님의 성품을 닮듯, 하나님 닮은 성품을 갖게 하셨다는 뜻이에요. 우리가 사랑하고, 거룩해지고 싶어 하고, 자비를 베풀고, 올바르게 행동하고, 인내하고, 기뻐하고, 희생하고, 겸손하고, 질투하는 건 모두 하나님을 닮아서랍니다. 하나님은 하나님 닮은 하나님 자녀들이 이 땅 가운데 아주 많아지기 원하셨고, 그 자녀들이 하나님 만드신 모든 것을 잘 다스리고 관리하고, 지켜주기 원하셨어요.

하나님이 자기 형상
곧 하나님의 형상대로
사람을 창조하시되
남자와 여자를 창조하
시고

오늘의 말씀 손글씨 7

창세기 2장 15절

여호와 하나님이 그 사람을 이끌어 에덴 동산에 두사 그것을 다스리며 지키게 하시고

한수진 사모님의 말씀 생각하기

하나님은 그분의 형상대로 사람을 만드시고 많은 능력을 주셨어요. 그리고 창조하신 모든 것을 누리고 즐길 복과 그에 따른 책임과 의무도 주셨지요. 아담과 하와를 통해 그분을 닮고 예배하는 자녀들이 온 땅에 가득하게 되어 아름다운 창조 세계를 잘 다스리고 관리하고 지키기 원하신 거예요. 하나님은 우리가 그 일을 잘할 수 있다고 믿고 맡겨주셨어요. 그래서 우리는 하나님 만드신 자연 만물을 잘 보존하는 일에 앞장서야 해요. 하나님이 우리에게 주신 아주 멋진 사명이니까요.

따라 써 보세요

여호와 하나님이 그
사람을 이끌어 에덴
동산에 두사 그것을
다스시며 지키게 하시
고

오늘의 말씀 손글씨 8

이사야서 43장 7절

무릇 내 이름으로 일컫는 자 곧 내가 내 영광을 위하여 창조한 자를 오게 하라 그들을 내가 지었고 만들었느니라

한수진 사모님의 **말씀** 생각하기

온 세상을 창조하신 뒤에 하나님은 만드신 모든 것을 보며 이렇게 말씀하셨어요.

"보기 좋다!"

그리고 특별히 사람에 관해서는 이렇게 말씀하셨지요.

"정말 보기 좋다!"

얼마나 기뻐하셨는지 몰라요.

성경은 우리가 하나님 닮은 자녀로 창조된 것이 그분에게 찬송과 영광을 돌리기 위해서라고 이야기해요. 어떻게 해야 그렇게 살 수 있을까요? 하나님을 가장 사랑하고, 언제 어디서나 그분이 우리 아버지이며 왕이심을 인정하고 믿으면 된답니다. 하나님은 주일 교회 예배 시간만이 아니라, 월요일부터 토요일까지 그분을 생각하며 모든 일에 감사하는 순간에도 영광 받으세요.

"하나님, 밤하늘 별들이 너무 멋져요!"

"사랑하는 가족을 주셔서 감사해요!"

"오늘도 함께해 주셔서 감사해요!"

따라 써 보세요

무릇 내 이름으로 일컫는 자 곧 내가 내 영광을 위하여 창조한 자를 오게 하라 그들을 내가 지었고 만들었느니라

오늘의 말씀 손글씨 9

창세기
2장 16-17절

여호와 하나님이 그 사람에게 명하여 가라사대 동산 각종 나무의 실과는 네가 임의로 먹되 선악을 알게 하는 나무의 실과는 먹지 말라 네가 먹는 날에는 정녕 죽으리라 하시니라

한수진 사모님의 말씀 생각하기

하나님은 에덴동산에 수많은 나무를 만들고 그 모든 열매를 아담과 하와에게 먹게 하셨어요. 하지만 딱 하나, 선과 악을 알게 하는 나무의 열매는 먹지 못하게 하셨지요. 먹으면 죽게 될 거라고 경고하셨어요.

하나님은 그분이 우리를 사랑하시듯 우리도 하나님을 사랑하기 원하셨어요. 그래서 이 명령을 통해 우리가 그분 말씀에 순종하는 것을 보고 싶으셨지요. 사랑하면 따르고 지키게 되어 있거든요. 또한 우리는 하나님이 창조주이시고 우리가 그분의 피조물이기 때문에 하나님 말씀에 순종해야 해요. 하나님 말씀에 순종할 때 우리는 그분의 보호 아래 있게 된답니다.

따라 써 보세요

여	호	와		하	나	님	이		그	
사	람	에	게		명	하	여		가	라
사	대		동	산		각	종		나	무
의		실	과	는		네	가		임	의
로		먹	되		선	악	을		알	게

따라 써 보세요

하는 나무의 실과는
먹지 말라 네가 먹는
날에는 정녕 죽으리
라 하시니라

오늘의 말씀 손글씨 10

창세기
2장 3절

하나님이 일곱째 날을 복 주사 거룩하게 하셨으니 이는 하나님이 그 창조하시며 만드시던 모든 일을 마치시고 이 날에 안식하셨음이더라

한수진 사모님의 **말씀** 생각하기

6일 동안 말씀으로 천지를 창조하신 하나님은, 7일째 되는 날 푹 쉬셨어요. 힘들어서 쉬셨냐고요? 아니에요. 하나님은 지치거나 피곤해 하지 않으시기 때문에 쉴 필요가 없는 분이세요. 그러면 7일째 되는 날을 '복되고 거룩하게 하셨다'라는 건 무슨 뜻일까요? 하루를 따로 떼어 우리도 모든 일을 멈추고 하나님의 창조하심을 찬양하고 즐기며 그 안에서 쉬게 하셨다는 거예요.
하나님이 쉬신 것처럼 말이지요.
하나님이 말씀하신, 우리가 누려야 할 쉼은 그저 일하지 않고 몸만 쉬는 것이 아니에요. 그 쉼은 창조주 하나님을 기뻐하고 예배하며 그분을 생각하고 사랑할 때 누릴 수 있는 '영혼의 진짜 평안'을 뜻해요. 사람은 하나님을 예배할 때 진정한 쉼을 얻게 된답니다.

따라 써 보세요

하나님이 일곱째 날을
복 주사 거룩하게
하셨으니 이는 하나님
이 그 창조하시며 만
드시던 모든 일을 마
치시고 이 날에 안식
하셨음이더라

쉬어가는 글 1

멋진 아빠 엄마에게

지금 우리는 영적으로 매우 위험한 '포스트모던' 시대를 살고 있습니다. 많은 사람이 절대 진리를 부정하고 권위를 거부합니다. 기존 질서와 규범과 사상, 당연하게 여기던 근본 진리를 송두리째 갈아엎고 있습니다. 이른바 '해체주의'가 우리 삶의 근간을 흔들고, 전에는 다들 인정하던 진리를 이제는 싸워서 지켜내야 합니다. 그리스도인에게는 어느 때보다 심각한 최고 등급의 위기입니다.

여러분은 이런 상황을 실제로 인식하고 있습니까? 전혀 깨닫지 못하거나 대처할 생각을 하지 못하고, 또는 넋 놓고 시대만 한탄하며 살고 있지는 않습니까? 이때 절실히 필요한 것은 분별력입니다. 시대 흐름을, 하나님 뜻을, 마땅히 행할 바를 읽고 판단할 영적 분별력 말입니다.

성경은 마지막 때 거짓 선지자와 거짓 선생들이 나타날 거라고 경고합니다. 하나님을 부인하고 그분 말씀을 대적하며 우리 삶 모든 곳에 어마어마한 영향을 주고 있는 이 시대와 세상의 사조도 여기 해당하는 것 같습니다. 물질을 섬기는 맘몬주의, 육신의 쾌락을 탐닉하는 성적 문란, 사고와 시간을 주장하는 미디어…. 삶의 모든 영역을 지배하는 문화가 가정과 교회 곳곳에 스며들고 있습니다. 듣고, 보고, 읽고, 배우는 것이 우리와 우리 자녀들로 하나님 앞에서 우상숭배의 죄를 짓게 하고 있습니다.

이때 자신과 자녀를 지키고 세상의 거대한 어둠에 맞서 이길 방법은, 하나님 말씀을 아는 것뿐입니다. 하나님 말씀만이 따라야 할 참 진리이고, 갈 바를 알지 못해 헤매는 이의 참 길이며, 어두운 세상에서 앞을 밝히실 참 빛이며, 영원한 죽음에서 건져주실 참 생명입니다. 이 길과 진리, 생명을 자녀에게 전하는 것이 부모의 가장 우선되고 중요한 사명입니다. 성경을 가치관과 세계관의 기초 삼고 영적 분별의 기준 삼지 않고서는 하나님 백성으로 온전히 살아갈 수 없기 때문입니다.

그런 의미에서 글을 배우는 자녀에게 먼저 말씀을 쓰게 하고 그 뜻을 가르치는 여러분을 진심으로 존경하고 축복합니다. 이 귀한 헌신과 수고를 통해 예수 그리스도의 말씀이 믿음의 씨앗 되고 자녀의 구원으로 이어질 줄 믿습니다. 또한 자녀의 삶 가운데 놀라운 말씀의 능력이 삼십 배, 육십 배, 백 배의 열매로 나타나기를 축복합니다. 여러분이 바로 하나님이 기뻐하시는 참된 부모입니다.

2장

인간의 타락

오늘의 말씀 손글씨 11

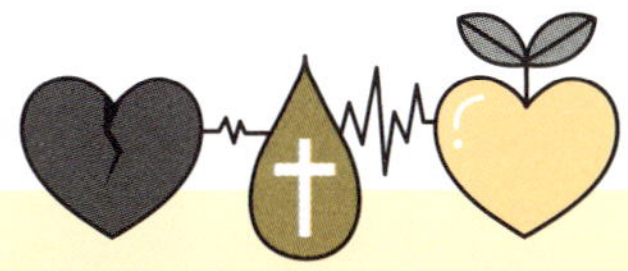

창세기 3장 4절

뱀이 여자에게 이르되 너희가 결코 죽지 아니하리라

한수진 사모님의 **말씀** 생각하기

하나님은 아담과 하와에게 에덴동산의 나무 열매를 먹게 하셨어요. 단, 선악과 열매만 먹지 못하게 하셨죠. 그런데 뱀은 하와에게 이렇게 물었어요.

"하나님이 에덴동산의 모든 나무 열매를 먹지 말라고 하셨다며?"

정말 몰라서 이렇게 물은 걸까요? 아니에요. 뱀은 다 알면서도 호기심을 자극하려고 모른 척 질문했어요. "하나만 빼고 다 해도 된다"라고 할 때, 하면 안 된다고 한 그 하나를 더 하고 싶어지는 것. 우리도 그럴 때가 있잖아요.

하나님은 우리에게 셀 수 없이 많은 복을 주셨어요. 그런데 그 많은 복과 약속보다 내게 없는 한 가지 때문에 하나님 사랑을 의심하고 불평할 때가 있지요. 그럴 땐, '사탄에게서 온 마음'으로 여기고 얼른 떨쳐버리세요!

뱀이 여자에게 이르되
너희가 결코 죽지
아니하리라

오늘의 말씀 손글씨 12

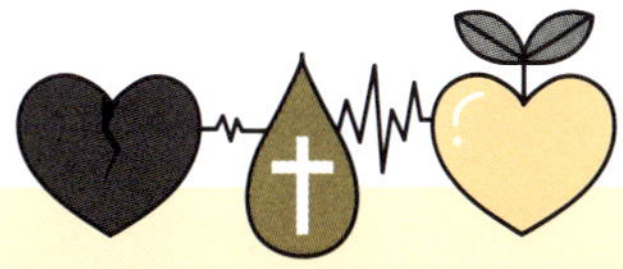

창세기 3장 5절

너희가 그것을 먹는 날에는 너희 눈이 밝아 하나님과 같이 되어 선악을 알 줄을 하나님이 아심이니라

한수진 사모님의 말씀 생각하기

"이걸 먹는 사람은 하나님처럼 될 거야!"
뱀의 말을 들은 하와는 하나님이 먹지 말라고 하신 열매를 바라보았어요. 그런데 이게 웬일일까요? 어딘가 새롭고 다르게 보이는 거예요. 뱀의 말대로, 먹으면 정말 하나님이 될 것처럼 아주 특별하게 느껴졌어요.
뱀은 하와에게 하나님 말씀과 정반대되는 이야기를 들려주었어요.
둘 중 한쪽이 진실이면 다른 한쪽은 반드시 거짓이겠지요.
하지만 슬프게도 하와가 거짓말쟁이라고 생각한 쪽은 하나님이었어요.
'죽을 수도 있고 안 죽을 수도 있으니 일단 한번 먹어보자.
그래야 알 수 있을 거야.'
하와가 이렇게 자신 없는 태도로 선악과를 먹었을까요? 아니에요.
먹어도 절대 죽지 않을 거라는 확실한 믿음으로 먹었어요.
하나님 말씀은 안 믿고 뱀 이야기를 믿은 거죠. 여러분은 누구의 말을 믿겠어요?

너희가 그것을 먹는
날에는 너희 눈이 밝
아 하나님과 같이 되
어 선악을 알 줄을
하나님이 아심이니라

오늘의 말씀 손글씨 13

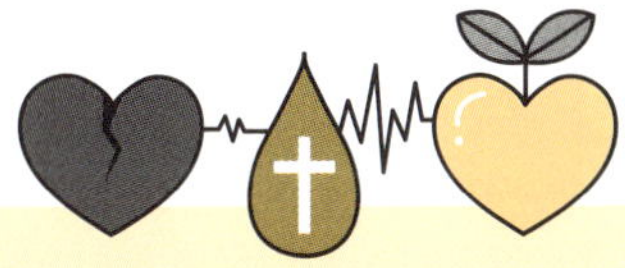

요한일서 2장 15-17절

이 세상이나 세상에 있는 것들을 사랑치 말라 누구든지 세상을 사랑하면 아버지의 사랑이 그 속에 있지 아니하니 이는 세상에 있는 모든 것이 육신의 정욕과 안목의 정욕과 이생의 자랑이니 다 아버지께로 좇아 온 것이 아니요 세상으로 좇아 온 것이라 이 세상도, 그 정욕도 지나가되 오직 하나님의 뜻을 행하는 이는 영원히 거하느니라

한수진 사모님의 말씀 생각하기

선악을 알게 하는 나무는 에덴동산 한가운데 가장 잘 보이는 곳에 있었어요. 그래서 아담과 하와는 그 나무와 거기 달린 열매를 매일 보았지요. 그런데 뱀의 말을 듣고 나니 늘 보던 그 열매가 갑자기 먹음직스럽고, 멋있고, 먹으면 똑똑하게 될 것처럼 느껴졌어요. 하나님 말씀이 아닌 세상 이야기에 귀 기울이고 잘못된 생각에 빠져 올바른 판단을 할 수 없게 된 거지요.

성경은 세상이 주는 육신의 정욕과 안목의 정욕, 이생의 자랑을 조심하라고 말해요. 하나님이 먹지 말라고 명령하신 나무 열매 앞에서 하와가 경험한 것도 그 세 가지였지요. 먹음직스러워 보인 건 육신의 정욕이고, 멋있게 보인 건 안목의 정욕이에요. 똑똑하게 만들어 줄 것처럼 보인 건 지식과 명예, 인기에 매달리게 하는 이생의 자랑이고요. 전부 세상에서 중요하다고 하는 것들이지만, 전부 하나님이 기뻐하시지 않는 것들이에요. 이렇게 세상에 속한 것은 다 사라질 거예요. 오직 하나님 말씀대로 사는 사람만 그분과 영원히 함께 살 수 있어요.

따라 써 보세요

이 세상이나 세상에
있는 것들을 사랑치
말라 누구든지 세상을
사랑하면 아버지의
사랑이 그 속에 있지
아니하니 이는 세상

에 있는 모든 것이
육신의 정욕과 안목의
정욕과 이생의 자랑
이니 다 아버지께로
좇아 온 것이 아니요
세상으로 좇아 온
것이라

오늘의 말씀 손글씨 14

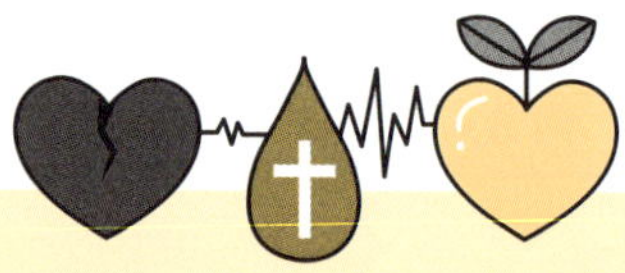

마태복음 4장 4절

예수께서 대답하여 가라사대 기록되었으되 사람이 떡으로만 살 것이 아니요 하나님의 입으로 나오는 모든 말씀으로 살 것이라 하였느니라 하시니

한수진 사모님의 말씀 생각하기

예수님은 복음을 전하시기 전에 40일 동안 금식하며 기도하셨어요. 그런데 금식을 마쳤을 때 사탄이 나타나 예수님에게 이렇게 말했어요.

"배고프지 않으십니까? 지금 당장 돌로 떡을 만들어 드세요!"

사탄의 말대로 예수님은 몹시 배고프셨고 돌을 떡으로 만들 능력도 있으셨어요. 하지만 그렇게 하지 않으셨지요. 오히려 예수님은 몸이 느끼는 배고픔과 필요를 채우기 위해 사탄의 소리를 들을 것이 아니라, 우리에게 가장 필요한 영의 양식인 하나님 말씀을 먹어야 한다고 꾸짖으셨어요. 먹을 것이 넉넉하고 갖고 싶은 모든 것을 누리며 산다 해도 하나님 말씀을 읽지 않으면 우리 영혼은 굶어 죽게 돼요.

예수께서 대답하여 가
라사대 기록되었으되
사람이 떡으로만 살
것이 아니요 하나님의
입으로 나오는 모든
말씀으로 살 것이라
하였느니라 하시니

오늘의 말씀 손글씨 15

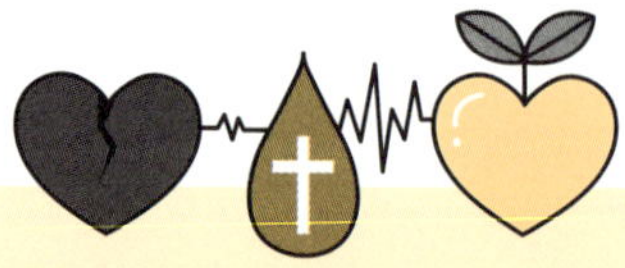

마태복음 4장 10절

이에 예수께서 말씀하시되 사단아 물러 가라 기록되었으되 주 너의 하나님께 경 배하고 다만 그를 섬기라 하였느니라

한수진 사모님의 **말씀** 생각하기

돌을 떡으로 만들라고 했다가 혼이 났지만, 사탄은 계속 예수님을 유혹했어요.

"예수님, 진짜 하나님 아들 맞아요? 그러면 여기 높은 성전 꼭대기에서 뛰어내려 보세요. 진짜 하나님 아들이면 천사들이 구해줄 테니."

"예수님, 뭐하러 힘들게 복음을 전하세요. 내게 절 한 번만 하세요. 그러면 세상 모든 것을 줄게요."

하지만 예수님은 꿈적하지 않고 사탄을 꾸짖어 쫓아버리셨어요.

"하나님을 시험하지 말고 오직 그분만 경배해야 한다!!"

우리도 예수님처럼 날마다 사탄의 유혹을 받아요. 그래서 하나님을 자기 필요를 채우는 수단이나 자기 요구를 들어주는 요술쟁이로 생각하고, 하나님보다 다른 것을 더 사랑하는 죄를 지을 때가 많지요. 그럴 때마다 우리는 예수님 말씀처럼 하나님이 우리가 예배할 유일한 대상임을 기억하고 유혹을 물리쳐야 해요.

이에 예수께서 말씀하시되 사단아 물러가라 기록되었으되 주 너의 하나님께 경배하고 다만 그를 섬기라 하였느니라

오늘의 말씀 손글씨 16

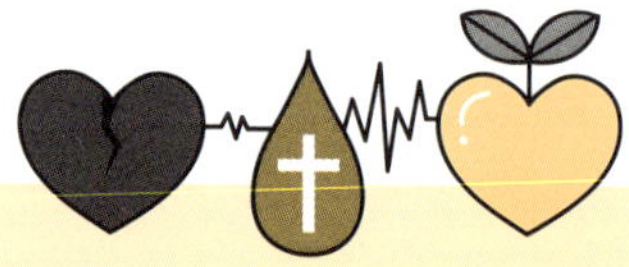

이사야서 59장 2절

오직 너희 죄악이 너희와 너희 하나님 사이를 내었고 너희 죄가 그 얼굴을 가리워서 너희를 듣지 않으시게 함이니

한수진 사모님의 말씀 생각하기

하나님은 친구처럼 사귀고 사랑하기 위해 사람을 만드셨어요. 다른 피조물과 달리 하나님 형상대로, 그분의 영을 불어넣어 만드신 덕분에 우리는 하나님과 친구가 될 수 있어요. 하지만 아담이 먹지 말라는 말씀을 어기고 선악과를 따먹은 죄로 하나님과 우리의 친구 관계가 깨어지고 말았어요. 우리가 미워서 하나님이 떠나신 것이 아니라, 우리의 더러운 죄가 거룩하신 하나님과 우리 사이에 벽을 세운거예요.

죄 때문에 하나님과 우리 사이가 영영 멀어지고 말았어요. 우리는 이 죄의 문제를 해결해야 다시 하나님과 친구 될 수 있어요.

오직 너희 죄악이 너희와 너희 하나님 사이를 내었고 너희 죄가 그 얼굴을 가리워서 너희를 듣지 않으시게 함이니

오늘의 말씀 손글씨 17

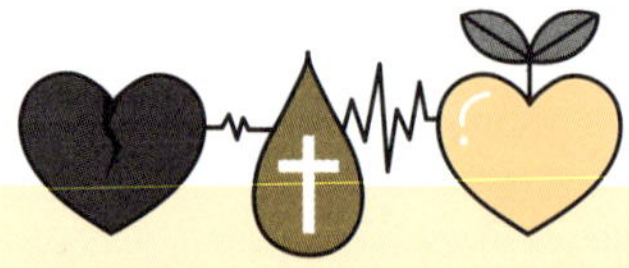

창세기 3장 16절

또 여자에게 이르시되 내가 네게 임태하는 고통을 크게 더하리니 네가 수고하고 자식을 낳을 것이며 너는 남편을 사모하고 남편은 너를 다스릴 것이니라 하시고

한수진 사모님의 말씀 생각하기

하나님에게 순종하지 않았기 때문에 죄가 인간에게 들어왔어요. 그 결과로 여자는 아기를 임신하고 낳을 때 큰 고통을 겪게 되었지요.

처음에 하나님이 사람을 만드시고 "자녀를 많이 낳아 온 땅에 가득해져라"라고 하셨을 때는 여자에게 그런 고통이 없었어요. 아기 낳는 것이 고통스러웠다면 하나님이 그렇게 말씀하지 않으셨을 거예요. 아기 낳는 것이 고통스러운데 어떻게 많이 낳을 수 있겠어요?

이 모든 고통은 사람이 교만해져서 하나님 말씀을 어긴 결과로 시작되었어요. 그리고 하와가 아담에게 열매를 먹게 한 것 때문에, 사랑으로 서로 존중하며 돕던 남편과 아내 사이가 남편이 아내를 다스리는 관계로 바뀌었어요.

따라 써 보세요

또		여	자	에	게		이	르	시	되
	내	가		네	게		잉	태	하	는
	고	통	을		크	게		더	하	리
니		네	가		수	고	하	고		자
식	을		낳	을		것	이	며		너

따라 써 보세요

는 남편을 사모하고
남편은 너를 다스릴
것이니라 하시고

오늘의 말씀 손글씨 18

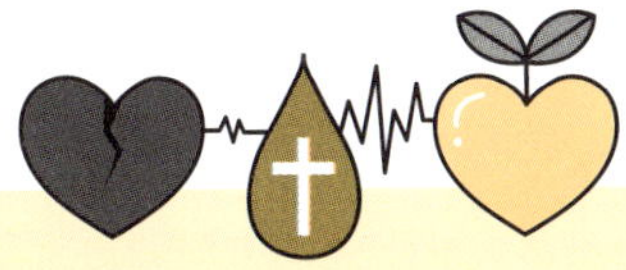

창세기 3장 19절

네가 얼굴에 땀이 흘러야 식물을 먹고 필
경은 흙으로 돌아 가리니 그 속에서 네가
취함을 입었음이라 너는 흙이니 흙으로
돌아갈 것이니라 하시니라

한수진 사모님의 말씀 생각하기

하나님은 아담에게 "땅을 정복하고 다스려라"라고 명령하시고, 동산의 모든 열매를 자유롭게 먹을 복을 주셨어요. 그러나 하나님 말씀을 어기는 죄를 지으면서 아담은 그 벌로 땀 흘려 고생하고 수고해야 땅에서 나는 것을 얻을 수 있게 되었지요. 그래서 남자는 지금도 살아가기 위해 수고하고 애쓰며 일하고 있어요.

그리고 흙으로 만들어진 우리는 죽어서 다시 흙으로 돌아가게 되었어요. 죄를 짓지 않았다면 영원히 에덴의 축복을 누리며 살 수 있었는데, 참 속상해요.

하나님 주신 복을 누리기 위해 항상 그분 말씀에 순종해야 한다는 것을 꼭 기억하세요!

네가 얼굴에 땀이 흘
러야 식물을 먹고 필
경은 흙으로 돌아 가
리니 그 속에서 네가
 취함을 입었음이라

따라 써 보세요

너는 흙이니 흙으로 돌아갈 것이니라 하시니라

오늘의 말씀 손글씨 19

창세기 3장 15절

내가 너로 여자와 원수가 되게 하고 너의 후손도 여자의 후손과 원수가 되게 하리니 여자의 후손은 네 머리를 상하게 할 것이요 너는 그의 발꿈치를 상하게 할 것이니라 하시고

한수진 사모님의 말씀 생각하기

여자를 유혹한 뱀은 배로 기어 다니며 흙을 먹는 벌을 받았어요. 이전에는 뱀이 배로 기어 다니지 않았단 말이겠죠? 그런데 하나님이 말씀하신 '뱀과 원수가 되는 여자의 후손'은 누구일까요? 여자의 후손이 뱀의 머리를 상하게 한대요. 뱀은 머리를 공격해야 죽일 수 있거든요.
그리고 뱀은 여자 후손의 발꿈치를 상하게 한 대요.
'여자의 후손'이란 바로 사탄을 무찌르실 예수님을 가리키는 말이에요. 뱀에게 발꿈치를 물리긴 하지만, 그 정도론 끄떡없어요. 사탄이 십자가에서 죽이려 했지만, 예수님이 사탄의 권세인 죽음을 이기고 부활 승리하신 것처럼 말이에요. 하나님이신 예수님에게 사탄은 아무것도 아니에요!

내가 너로 여자와 원
수가 되게 하고 너의
후손도 여자의 후손
과 원수가 되게 하리
니 여자의 후손은 네

머리를 상하게 할

것이요 너는 그의 발

꿈치를 상하게 할 것

이니라 하시고

오늘의 말씀 손글씨 20

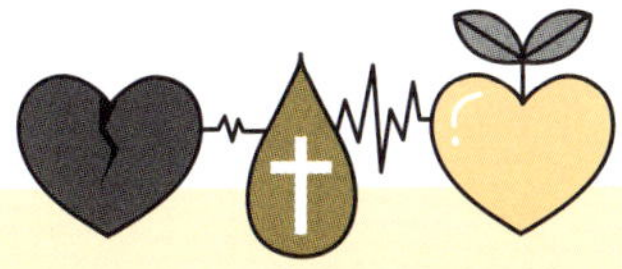

로마서 8장 21절

그 바라는 것은 피조물도 썩어짐의 종노릇 한데서 해방되어 하나님의 자녀들의 영광의 자유에 이르는 것이니라

한수진 사모님의 말씀 생각하기

아담과 하와가 지은 죄는 자연에까지 영향을 미쳤어요. 하나님이 창조하신 자연 만물을 잘 다스리고 관리해야 할 인간이 타락하자, 타락한 인간이 다스리는 다른 피조물들까지 인간의 죄성 때문에 고통받게 된 거지요. 주변에서 쉽게 찾아볼 수 있는 넘쳐나는 쓰레기, 유해 가스, 무분별한 에너지 낭비, 기후 변화, 동물 멸종, 아름다운 자연의 파괴, 자원 고갈 같은 문제와 피해가 그 결과예요. 그래서 인간의 이기심과 탐욕으로 고통받는 모든 피조물은 예수님이 다시 오실 날, 모든 것이 창조의 원래 모습으로 회복될 그 날을 기다리고 있어요.

그 바라는 것은 피조물도 썩어짐의 종노릇 한데서 해방되어 하나님의 자녀들의 영광의 자유에 이르는 것이니라

쉬어가는 글 2

성경을 읽으면 뭐가 좋냐고요?

하나님은 우주 만물과 모든 사람을 만드셨어요. 만드신 모든 것이 아름답고 귀하지만, 특별히 사람을 만드시고 너무 기뻐하셨지요. 하나님은 사람들과 친구 되기 원하셨어요. 그래서 그분과 친해질 수 있도록 우리도 영적인 존재로 창조하셨지요.

하나님은 우리와 아주 가깝게 지내고 싶어 하세요. 부모님이 우리를 사랑하시고 우리와 함께 시간을 보내고 우리의 모든 것을 도와주시는 것처럼요. 하나님은 우리가 부모님을 아는 것처럼 그분에 관해 알기 원하세요. 하지만 우리는 하나님을 눈으로 볼 수 없지요. 그래서 하나님은 우리가 하나님에 관해 알 수 있도록 방법을 마련해 주셨어요. 그것이 바로 성경이에요.

하나님은 사람들을 선택하셔서 그분의 생각과 뜻과 마음을 성경에 담게 하셨지요. 하나님이 어떤 분이며 우리가 누구인지, 그분이 우리를 얼마나 사랑하시는지, 그분의 사랑을 받는 우리가 어떻게 살아야 하는지 성경을 통해 알려 주셨어요.

여러분도 마음에 들어서 친하게 지내고 싶은 아이가 있으면 궁금한 것이 마구마구 생기지 않나요? 그 친구가 뭘 좋아하고 뭘 싫어하는지, 어떻게 하면 그 친구랑 친하게 지낼 수 있는지 말이에요. 하나님도 마찬가지랍니다. 하나님을 정말 사랑한다면 당연히 그분에 관해 알고 싶어질 거예요.

성경은 사랑의 편지와 같아요. 예전에는 멀리 있는 사람에게 소식과 마음을 전하기 위해 편지를 사용했어요. 덕분에 멀리 있어도 서로에 관해 알고 마음을 나눌 수 있었지요. 하나님도 그분이 어떤 분인지 알려 주시려고 우리에게 편지를 보내셨고, 그 편지들을 모아 엮은 것이 바로 성경책이에요.

사랑하는 부모님이 편지를 보내셨는데 우리가 읽지 않으면 서운해하시겠죠? 게다가 편지에 아주 중요한 내용이 담겨 있을 텐데 그걸 모르면 안 되잖아요. 맛있는 음식을 어떻게 시켜야 하는지, 집에 혼자 있을 때 무서우면 어떻게 해야 하는지, 어려운 숙제는 어떻게 도움 받아야 하는지, 갑자기 병원을 가야 할 때 누구에게 도와달라고 해야 하는지, 친구를 만나려면 어디로 어떻게 가야 하는지, 꼭 갖고 싶었던 선물을 어디에 숨겨두셨는지 알려주셨는데, 편지를 읽지 않아서 누리지 못한다면 얼마나 안타깝고 속상한 일이에요.

그래서 우리는 성경을 읽어야 해요. 성경에는 하나님이 주시는 수많은 약속의 말씀과 축복이 담겨 있어요. 보물섬처럼 수많은 보물이 그 안에 감추어져 있지요. 발견하기만 하면 누구나 그것을 가질 수 있어요. 여러분이 그 보물의 주인이 되기를 간절히 바랍니다.

3장

하나님의 계획, 예수 그리스도

오늘의 말씀 손글씨 21

요한복음

1장 1절 태초에 말씀이 계시니라 이 말씀이 하나님과 함께 계셨으니 이 말씀은 곧 하나님이시니라

1장 4절 그 안에 생명이 있었으니 이 생명은 사람들의 빛이라

한수진 사모님의 말씀 생각하기

창세기 1장에는 하나님과 하나님의 영, 그리고 그분의 말씀이 나와요. 바로 우리가 믿는 삼위일체 하나님이신 '아버지 하나님과 아들 예수님, 하나님의 영인 성령님'이에요.

하나님의 천지 창조 때 나온 '말씀'이 바로 예수님이에요. 말씀 즉, 예수님이 태초에 하나님과 함께 계셨고 만물을 지으셨어요.

예수님 그분이 곧 하나님이에요.

아버지와 아들과 영, 이 세 분이 한 하나님이세요. 세 분 모두 동등하고 세 분이 함께 한 하나님이세요. 요한복음 1장 4절에서 이야기하는 '그'도 예수님이에요. 예수님 안에 생명이 있고 그분이 바로 우리의 빛이랍니다.

따라 써 보세요

태	조	에		말	씀	이		계	시	니
라		이		말	씀	이		하	나	님
과		함	께		계	셨	으	니		이
	말	씀	은		곧		하	나	님	이
시	니	라		그		안	에		생	명
이		있	었	으	니		이		생	명
은		사	람	들	의		빛	이	라	

오늘의 말씀 손글씨 22

창세기 3장 21절

여호와 하나님이 아담과 그 아내를 위하여 가죽옷을 지어 입히시니라

한수진 사모님의 말씀 생각하기

선악과를 먹은 아담과 하와는 벌거벗은 것이 부끄러워 자기 손으로 나뭇잎 옷을 만들어 입었어요. 하지만 나뭇잎으로는 제대로 된 옷을 만들 수 없지요. 하나님은 그런 사람들을 불쌍히 여겨 가죽옷을 만들어 입혀 주셨어요.

그런데 가죽옷은 동물을 죽여야 얻을 수 있어요. 어떤 동물이 사람을 위해 피 흘려 희생했다는 이야기에요. 인간의 부끄러움을 가리고 보호하시려고 하나님이 동물을 죽이신 거지요. 인간의 죄를 덮어주기 위해 아들 예수님을 희생 제물 삼아 피 흘려 죽게 하실 그분의 계획을 미리 보여주신 거예요.

여호와 하나님이 아담
과 그 아내를 위하여
가죽옷을 지어 입히
시니라

오늘의 말씀 손글씨 23

요한복음 3장 16절

하나님이 세상을 이처럼 사랑하사 독생자를 주셨으니 이는 저를 믿는 자마다 멸망치 않고 영생을 얻게 하려 하심이니라

한수진 사모님의 **말씀** 생각하기

아담과 하와가 하나님 말씀을 어겨 죄를 지었고, 모든 인간이 죄를 지어 하나님을 떠났어요. 하지만 하나님은 인간을 너무도 사랑하셔서 그대로 멸망하게 두실 수 없었어요.

그래서 '독생자', 하나뿐인 아들을 이 땅에 보내셨지요. '(독생자를) 주셨다'라는 말에는 '(우리의 구원을 위해) 내던졌다'라는 뜻이 있어요. 예수님은 우리를 심판하러 오신 게 아니라 구원하러 오신 거예요. 그래서 예수님을 믿으면 모든 죄를 용서받고, 그렇지 않으면 믿지 않는 것 때문에 용서받지 못해요. 하나님은 모든 사람이 예수님을 믿고 구원받기 원하세요.

하나님이 세상을 이처
럼 사랑하사 독생자를
주셨으니 이는 저를
믿는 자마다 멸망치
않고 영생을 얻게
하려 하심이니라

오늘의 말씀 손글씨 24

요한일서 4장 10절

사랑은 여기 있으니 우리가 하나님을 사랑한 것이 아니요 오직 하나님이 우리를 사랑하사 우리 죄를 위하여 화목제로 그 아들을 보내셨음이니라

한수진 사모님의 말씀 생각하기

요한복음과 요한일서를 쓴 예수님의 제자 요한 사도는 하나님의 사랑에 관해 특히 더 많이 이야기해요. 사랑은 하나님에게서 시작되었어요. 하나님이 사랑 그 자체이시거든요. 하나밖에 없는 아들 예수님을 화목 제물로 세상에 보내신 것이 바로 그 증거랍니다. 화목제물은 하나님과 사람, 사람과 사람 사이의 평화를 위해 드리거나 평화에 대한 감사로 드리는 제물이에요. 하나님과 원수처럼 살고 있던 우리를 다시 하나님과 화평하게 하려고 예수님이 제물로 드려진 거죠. 하나님은 우리를 사랑하셔서 그 관계를 회복하려고 아들을 화목 제물로 내어주셨어요.

사랑은 여기 있으니 우리가 하나님을 사랑한 것이 아니요 오직 하나님이 우리를 사랑하사 우리 죄를 위하여 화목제로 그 아들을 보내셨음이니라

오늘의 말씀 손글씨 25

요한복음 1장 29절

이튿날 요한이 예수께서 자기에게 나아
오심을 보고 가로되 보라 세상 죄를 지고
가는 하나님의 어린 양이로다

한수진 사모님의 말씀 생각하기

요단강에서 세례(침례)* 를 베푸는 요한은 예수님이 오실 길을 미리 준비하기 위해 하나님이 보내신 사람이었어요. 그래서 그는 예수님이 오시기 전에 사람들의 마음을 준비시키려고 회개를 외쳤지요.

요단강에서 사람들에게 회개의 말씀을 외치던 어느 날, 요한은 예수님을 처음으로 보았어요. 그때는 죄를 용서받기 위해 동물을 제물 삼아 제사를 드렸는데, 그는 예수님을 보고 "세상 모든 사람의 죄를 용서받기 위해 제물로 드려질 어린양"이라고 했어요. 원래는 죄를 용서받을 사람이 제물을 준비해야 하는데, 예수님은 거꾸로 우리 죄를 용서하시기 위해 하나님이 직접 준비하신 희생 제물이었어요.

*세례(침례) 이 말씀에서 '세례'로 번역된 헬라어 '밥티스마'(Baptisma)에는 '잠그다, 담그다, 물들이다'라는 뜻이 있어요. 즉, 몸을 물속에 담그는 침례를 의미하지요. 예수님도 요한에게 세례(침례) 받으실 때 '물에서 올라오셨'거든요(마 3:16). 침례는 물에 들어갈 때 예수님의 보혈로 죄 씻음 받고, 물에서 나올 때 예수님과 함께 새 생명 얻는다는 것을 뜻해요. 예수님을 믿는다는 것은 죄에 대해 죽고 예수님과 함께 새 사람으로 변화되는 거예요.

이튿날 요한이 예수께
서 자기에게 나아오심
을 보고 가로되 보라
세상 죄를 지고 가
는 하나님의 어린 양
이로다

오늘의 말씀 손글씨 26

로마서 5장 8절

우리가 아직 죄인 되었을 때에 그리스도께서 우리를 위하여 죽으심으로 하나님께서 우리에게 대한 자기의 사랑을 확증하셨느니라

한수진 사모님의 말씀 생각하기

모든 사람은 아담의 죄성을 물려받아 죄인으로 태어나요. 하나님을 등지고, 하나님을 알지도 못하고, 그분을 창조주 아버지로 인정하지않고 원수처럼 살게 된 거예요. 그런데 우리가 그런 죄인일 때 하나님은 그분 사랑을 거절하는 사람들을 위해 외아들 예수님을 세상에 보내셨어요. 사랑받을 자격이 있거나 사랑받을 만한 일을 해서가 아니에요.

하나님이 우리를 향한 사랑을 모든 사람이 볼 수 있게 확실한 증거로 선택하신 것이 바로 예수님의 십자가 죽음이에요. 얼마나 우리를 사랑하셨으면 하나밖에 없는 자기 아들을 죽이면서까지 그 사랑을 증명하고 싶으셨을까요?

따라 써 보세요

우리가 아직 죄인 되
었을 때에 그리스도께
서 우리를 위하여 죽
으심으로 하나님께서
우리에게 대한 자기의
사랑을 확증하셨느니
라

오늘의 말씀 손글씨 27

에베소서 2장 4-6절

긍휼에 풍성하신 하나님이 우리를 사랑하신 그 큰 사랑을 인하여 허물로 죽은 우리를 그리스도와 함께 살리셨고 (너희가 은혜로 구원을 얻은 것이라) 또 함께 일으키사 그리스도 예수 안에서 함께 하늘에 앉히시니

한수진 사모님의 말씀 생각하기

'긍휼'이라는 말의 뜻은 '불쌍히 여긴다'에요. 여기에는 단순한 동정이 아니라 사랑하는 마음에서 나오는 도움의 행동까지 포함돼요. 자기 죄 때문에 죽게 된 우리. 하나님은 그런 우리를 사랑하사 안타깝고 불쌍하게 여겨 돕기로 하셨어요. 그래서 죄 없는 예수님을 우리 대신 십자가에 죽게 하사 죄의 값을 치르시고 우리를 용서하셨지요.

예수님의 보혈로 우리 죄를 용서하시고 그분의 부활로 영원히 살게 하셨어요. 우리를 향한 하나님의 사랑은 아들이 십자가에서 겪는 고통을 보는 것보다 더 넓고 길고 높고 깊어요. 우리에겐 너무나 큰 감격이에요!

긍휼에 풍성하신 하나
님이 우리를 사랑하신
그 큰 사랑을 인하
여 허물로 죽은 우리
를 그리스도와 함께
살리셨고 (너희가 은

혜로 구원을 얻은 것이라) 또 함께 일으키사 그리스도 예수 안에서 함께 하늘에 앉히시니

오늘의 말씀 손글씨 28

빌립보서 2장 8절

사람의 모양으로 나타나셨으매 자기를 낮추시고 죽기까지 복종하셨으니 곧 십자가에 죽으심이라

한수진 사모님의 말씀 생각하기

예수님은 하나님 아버지와 동등한 분이세요. 사자 아들이 사자이고 토끼 아들이 토끼인 것처럼, 아버지가 하나님이시니 아들도 하나님이신 거예요. 그렇게 '신'이신 예수님이 그분이 창조한 인간의 모습으로 오신 건, 하나님의 권리와 대우를 포기하셨다는 뜻이에요. 우리를 구원하시려는 하나님 아버지의 뜻에 순종해서 신의 자리를 내려놓고 인간이 되신 것도 말이 안 되는데, 그런 예수님이 우리 대신 돌아가셨다니 상상도 할 수 없는 일이에요. 그것도 가장 고통스럽고 모욕적인 십자가에서요. 아무리 강아지를 사랑한다고 해도, 그 강아지가 죽어야 하는데 자신이 강아지가 되어 대신 죽겠다고 할 사람은 없을 거예요.

사람의 모양으로 나타
나셨으매 자기를 낮추
시고 죽기까지 복종하
셨으니 곧 십자가에
죽으심이라

오늘의 말씀 손글씨 29

마태복음
16장 15-16절

가라사대 너희는 나를 누구라 하느
냐 시몬 베드로가 대답하여 가로되
주는 그리스도시요 살아계신 하나
님의 아들이시니이다

한수진 사모님의 말씀 생각하기

예수님이 이 땅에 사셨을 때 사람들은 그분이 누군지에 관해 말이 많았어요. 어느 날 예수님은 제자들이 그분을 어떻게 생각하는지 물으셨어요. 이때 베드로가 말했지요.

"예수님은 그리스도이십니다!"

'그리스도'는 '기름 부음 받은 자'라는 뜻을 가진 말이에요. '메시야'라는 말과 같은 의미로 사용하죠. 옛날 이스라엘 시대에는 새로 왕이나 제사장이 되는 사람이 있을 때 그의 머리에 기름을 부었거든요.

베드로는 또 이렇게 말했어요.

"예수님은 살아계신 하나님의 아들이세요!"

예수님이 '신'이심을 인정한 거예요. 그는 이스라엘 사람들이 하나님 약속을 따라 기다리던 메시아(구원자)가 바로 예수님이라고 고백했어요. 하나님을 믿는 우리 친구들도 베드로처럼 자신 있고 당당하게 고백해 봐요.

"예수님은 나의 죄를 용서하실 구원자와 왕이십니다!"

가라사대 너희는 나를
누구라 하느냐 시몬
베드로가 대답하여
가로되 주는 그리스도
시요 살아계신 하나님
의 아들이시니이다

오늘의 말씀 손글씨 30

요한복음 14장 6절

예수께서 가라사대 내가 곧 길이요 진리요 생명이니 나로 말미암지 않고는 아버지께로 올 자가 없느니라

한수진 사모님의 말씀 생각하기

죄에서 구원받고 하나님 계신 천국으로 갈 방법은 오직 하나뿐이에요. 예수님을 믿고 그분의 은혜로 구원받는 것이지요. 예수님은 십자가 죽음으로 우리 죄의 값을 대신 치르시고, 우리가 하나님에게 나아갈 길을 만드셨어요. 사탄의 사망 권세를 이기고 죽음에서 부활하셔서 우리에게 영원한 생명을 허락하셨고요. 그리고 그분이 말씀하신 진리대로 살 수 있도록 성령님을 우리에게 보내주셨어요.

그래서 예수님만 하나님에게 나아갈 유일한 방법(길)과 사실(진리)과 능력(생명)이에요. 하나님은 예수님 말고는 구원받고 천국에 갈 다른 길이나 방법을 주지 않으셨어요.

예수께서 가라사대 내가 곧 길이요 진리요 생명이니 나로 말미암지 않고는 아버지께로 올 자가 없느니라

글쓴이 한 수 진

교회와 신학교 사역을 중심으로 '성경적 가치관 교육을 통한 가정의 회복, 성경과 기독교 세계관 교육을 통한 다음 세대 양육, 이를 위한 교회와 가정의 연계'를 도모하는 한편, 예수님의 지상명령인 복음 전도와 제자 양육을 위한 교회교육의 새로운 패러다임 구축을 위해 부모교육, 교사교육, 부부 세미나, 리더십 세미나를 인도하며 교회교육 컨설팅 사역을 준비하고 있다. 또한 미국 캔자스시에 있는 미드웨스턴 침례신학교(Midwestern Baptist Theological Seminary) 겸임교수와 한국 침례신학대학교 교수(기독교교육학과)로도 섬기고 있다.
미국 이스턴 대학(Eastern University)에서 커뮤니케이션(Communication)을 전공하고(B.A.), 미국 남침례신학대학원(Southern Baptist Theological Seminary)에서 기독교 교육학 석사(M.A.C.E.)와 동 대학원에서(Southern Baptist Theological Seminary) 박사(Ph.D.) 학위를 받았다. 미국에서 20여 년 동안 교회 교육부 사역(어린이와 청소년, 청년)과 새 가족 성경공부, 마더와이즈(Motherwise), 가정과 교사 대상 세미나 등으로 성경적 가정을 온전히 세우고 다음 세대를 하나님 나라 일꾼으로 세우는 일에 헌신했다.
일상 가운데 목회사역을 하는 사랑하는 남편과 대학 졸업반인 딸, 대학 입학을 앞둔 아들과 함께 가정 공동체를 통해 기독교 교육을 삶에서 배우며 연습하고 있다.

어린이를 위한 말씀 손글씨 365 1권

초판 1쇄 발행 2023년 3월 1일

글 한수진
엮음 꿈을이루는사람들 편집부

펴낸곳 ㈜디씨티와이북스
출판등록 제16-3821호
주소 (06258) 서울시 강남구 도곡로 110
전화 02-529-7722
팩스 02-571-5353
홈페이지 www.dctybooks.co.kr
전자우편 dcty@dctybooks.co.kr

ISBN 978-89-6804-068-9 (74230)
978-89-6804-067-2 (세트)